BEI GRIN MACHT SICH IHR WISSEN BEZAHLT

AF140291

- Wir veröffentlichen Ihre Hausarbeit,
  Bachelor- und Masterarbeit

- Ihr eigenes eBook und Buch -
  weltweit in allen wichtigen Shops

- Verdienen Sie an jedem Verkauf

Jetzt bei www.GRIN.com hochladen und kostenlos publizieren

Bibliografische Information der Deutschen Nationalbibliothek:

Die Deutsche Bibliothek verzeichnet diese Publikation in der Deutschen National-
bibliografie; detaillierte bibliografische Daten sind im Internet über http://dnb.d-
nb.de/ abrufbar.

Impressum:

Copyright © 2018 GRIN Verlag
Druck und Bindung: Books on Demand GmbH, Norderstedt Germany
ISBN: 9783668965638

Dieses Buch bei GRIN:

https://www.grin.com/document/478163

Anonym

Erstellung eines Dehnungs- und Koordinationsplanes

GRIN Verlag

GRIN - Your knowledge has value

Der GRIN Verlag publiziert seit 1998 wissenschaftliche Arbeiten von Studenten, Hochschullehrern und anderen Akademikern als eBook und gedrucktes Buch. Die Verlagswebsite www.grin.com ist die ideale Plattform zur Veröffentlichung von Hausarbeiten, Abschlussarbeiten, wissenschaftlichen Aufsätzen, Dissertationen und Fachbüchern.

Besuchen Sie uns im Internet:

http://www.grin.com/

http://www.facebook.com/grincom

http://www.twitter.com/grin_com

Deutsche Hochschule für

Prävention und Gesundheitsmanagement

Hermann Neuberger Sportschule 3

66123 Saarbrücken

Einsendeaufgabe

Fachmodul:	Trainingslehre III
Studiengang:	Bachelor of Arts Fitnessökonomie
Datum Präsenzphase:	12.11.2018 – 14.11.2018
Studienort:	**Hamburg**
Semester:	**WS 2016**

Inhaltsverzeichnis

1   Personendaten

Um das Beweglichkeits-, sowie Koordinationstraining auf den Probanden individuell anpassen zu können, müssen die allgemeinen und gesundheitlichen Personendaten, mithilfe einer Anamnese, erfasst werden.

Die zwei folgenden Tabellen stellen diese Daten übersichtlich dar.

Tab. 1: Allgemeine Personendaten (eigene Darstellung)

Personendaten	
Alter	22
Geschlecht	Männlich
Körpergröße	185cm
Körpergewicht	87Kg
Trainingsmotive	- Verbesserung der Beweglichkeit im Hüft- und Kniegelenk (Möchte dadurch dynamischer während des Rugbys sein) - Abbau von Muskelverspannungen im Rückenbereich (Speziell der Rückenstrecker)
Berufliche Tätigkeit	Mechaniker für Geräte im medizinischen Bereich
Sportliche Aktivitäten (früher)	Vom 8ten bis zum 18ten Lebensjahr Fußball gespielt – 2x die Woche ein 90minütiges Training + Wochenendligaspiel (90 Minuten)
Sportliche Aktivitäten (Aktuell)	- Seit acht Monaten Krafttraining – 1x Woche Ganzkörpertraining (60 Minuten) - Seit fünf Monaten Rugby – 2x Woche (90 Minuten)
Zeitlicher Verfügungsrahmen	2x die Woche für maximal eine Stunde

Tab. 2: Gesundheitliche Personendaten (eigene Darstellung)

Gesundheitsdaten	
Orthopädische und internistische Probleme	Der Proband weist keine orthopädischen oder internistischen Probleme auf.
Ärztliche Behandlungen	Der Proband steht aktuell unter keiner ärztlichen Behandlung.
Einnahme von Medikamenten	Der Proband nimmt momentan keine Medikamente zu sich.
Sonstige gesundheitliche Einschränkungen	Der Proband weist keine gesundheitlichen Einschränkungen auf.
Belastbarkeit bzw. Trainierbarkeit des Probanden	Der Proband ist aufgrund von keinen weiteren gesundheitlichen Einschränkungen vollkommen Belastbar.

2 Beweglichkeitstestung

Im folgenden Textabschnitt wird ein manueller Beweglichkeitstest des Probanden erstellt, sowie durchgeführt und bewertet.

2.1 Beweglichkeitstest

Dehnen ist eine einfache und effektive Methode, um sportliche Leistungen zu steigern, das Verletzungsrisiko zu senken und Muskelkater vorzubeugen (Walker, B., 2014, S.29). Um das Dehnprogramm möglichst optimal auf den Probanden anzupassen, vollzieht dieser im Vorfeld ein Beweglichkeitstest. Zur Beurteilung wird in den folgenden Tabellen ein vereinfachtes Testverfahren zur Beweglichkeitsdiagnostik in Anlehnung an die Muskelfunktionsüberprüfung nach Janda (2000) dargestellt.

Tab. 3: Beweglichkeitstest der Brustmuskulatur (eigene Darstellung)

Muskel: M. pectoralis major)	
Durchführung	Der Proband liegt in Rückenlage auf einer erhöhten Fläche. Die Beine sind zur Beckenstabilisierung so angewinkelt, dass die Füße Kontakt zur Fläche haben. Nun wird der zu testende Arm mit einem Beugewinkel von 90° im Ellenbogengelenk vom Körper wegfixiert. Der Ellenbogen ist auf höher der Schultern. Die Handinnenfläche zeigt zum Tester. Anschließend wird leichter Druck vom Trainer auf den Arm des Probanden gegeben. Als Messbereich gilt die Position des Oberarms zur Horizontalen. Um das Messergebnis genau zu halten ist zu beachten, dass das Becken nicht von der Fläche abhebt. Das Anspannen der Bauchmuskulatur hilft dabei das Becken zu fixieren (Eifler, C., 2016, S. 48).
Normwerte	- **Stufe 0**: Keine Beweglichkeitsdefizite; Oberarm erreicht die Horizontale; durch leichten Druck des Testers kann der Oberarm unter die Horizontale bewegt werden. - **Stufe 1**: Leichte Bewegungsdefizite; Oberarm erreicht die Horizontale nicht; durch leichten Druck des Testers kann der Oberarm bis zur Horizontale bewegt werden. - **Stufe 2**: Deutliche Bewegungsdefizite; auch durch Druck des Testers ist es nicht möglich den Oberarm zur Horizontalen zu bewegen. (Nach Janda, 2000, S.271)
Testergebnis	Stufe 0: Keine Bewegungsdefizite
Bewertung	Der Proband weist keine Beweglichkeitsdefizite in der Brustmuskulatur vor. Daher wird im anschließenden Dehnungsplan kein Fokus auf diesen Bereich gelegt.

Tab. 4: Beweglichkeitstest der Hüftbeugemuskulatur (eigene Darstellung)

Muskel: (M. iliopsoas)	
Durchführung	Der Proband nimmt eine Rückenlage auf einer Behandlungsliege ein. Das Becken endet an der Kante der Liege, sodass beide Beine hängen. Anschließend winkelt der Proband ein Bein maximal zum Körper. Das Testbein wird zur maximalmöglichen Hüftflexion gebracht. Der Tester kann durch leichten Druck den Vorgang unterstützen. Als Messbereich gilt die Position im Verhältnis zur Körperlängsachse. Das Becken bleibt durchgehend fixiert. Ein anheben manipuliert das Testergebnis (Eifler, C., 2016, S. 49).
Normwerte	- **Stufe 0:** Keine Beweglichkeitsdefizite; Oberschenkel erreicht Horizontale; durch leichten Druck kann der Oberschenkel unter die Horizontale geführt werden. - **Stufe 1:** Leichte Beweglichkeitsdefizite; geringe Hüftbeugestellung; durch leichten Druck kann der Oberschenkel bis zur Horizontalen gebracht werden. - **Stufe 2:** Deutliche Bewegungsdefizite; der Oberschenkel erreicht auch durch zusätzlichen Druck die Horizontale nicht. (Nach Janda, 2000, S. 258)
Testergebnis	Rechtes Bein: Stufe 1 Linkes Bein: Stufe 1
Bewertung	Der Proband hat leichte Beweglichkeitsdefizite. Diese können aufgrund jahrelanger fußballerische Aktivität entstanden sein. Durch das Dehnprogramm wird eine Verbesserung der Beweglichkeit Erwartet. Die Verbesserung der Hüftbeugemuskulatur liegt im Fokus.

Tab. 5: Beweglichkeitstest der Kniestreckmuskulatur (eigene Darstellung)

Muskel: (M. rectus femoris)	
Durchführung	Der Proband nimmt eine Rückenlage auf einer Behandlungsliege ein. Das Becken endet an der Kante der Liege, sodass beide Beine hängen. Anschließend winkelt der Proband ein Bein maximal zum Körper. Im zweiten Bein wird ein maximalmöglicher Kniebeugewinkel erreicht (Hacke führt zum Gesäß). Durch leichten Druck am Sprunggelenk kann der Kniebeugewinkel erhöht werden. Als Messbereich gilt der Winkel zwischen Ober- und Unterschenkel. Um Messfehlern vorzubeugen bleibt das Becken durchgehend auf der Liege fixiert. Der Kniebeugewinkel darf nicht durch die Liege behindert werden. (Eifler, C., 2016, S. 50)
Normwerte	- **Stufe 0:** Keine Beweglichkeitsdefizite; der Unterschenkel hängt in senkrechter Position; der Kniebeugewinkel kann durch leichten Druck vergrößert werden - **Stufe 1:** Leichte Beweglichkeitsdefizite; leichte

	Streckung im Unterschenkel; durch leichten Druck kann eine 90° Kniebeugung erzielt werden.
	- **Stufe 2:** Deutliche Bewegungsdefizite; starke Streckung im Unterschenkel, der Kniebeugewinkel kann auch durch leichten Druck nicht auf 90° gebracht werden.
Testergebnis	Rechtes Bein: 0 Linkes Bein: 1
Bewertung	Leichtes Beweglichkeitsdefizit im linken Bein. Keine Beweglichkeitsdefizite im rechten Bein. Die Dysbalance zwischen rechten und linken Bein herrscht erneut aufgrund seiner Fußballaktivität. Der Proband gab an, dass sein linkes Bein sein Schussbein sei. Dieses Defizit wird im Dehnprogramm berücksichtigt.

Tab. 6: Beweglichkeitstest der Kniebeugemuskulatur (eigene Darstellung)

Muskel: (Mm. Ischiocrurales)	
Durchführung	Der Proband nimmt eine Rückenlage auf einer Behandlungsliege ein. Ein Bein wird im Knie- und Hüftgelenk angewinkelt, sodass die komplette Fußsohle auf der Liege fixiert werden kann. Das zu messende Bein wird vom Tester mit maximaler Kniestreckung zum Körper herangeführt. Als Messbereich gilt der Winkel zwischen Beinachse und Longitudinalachse (Hüftbeugewinkel). Um Messfehlern vorzubeugen bleibt das Becken durchgehend auf der Liege (Eifler, C, 2016, S.51).
Normwerte	- **Stufe 0:** Keine Beweglichkeitsdefizite; das Hüftgelenk kann eine Beugung von 90° erzielen. - **Stufe 1:** Leichte Beweglichkeitsdefizite; das Hüftgelenk kann eine Beugung von 80 – 90° erzielen. - **Stufe 2:** Deutliche Bewegungsdefizite; das Hüftgelenk kann keine Beugung von mindestens 80° erzielen (Nach Janda, 2000, S. 261)
Testergebnis	Rechte Seite: Stufe 1 Linke Seite: Stufe 1
Bewertung	Der Proband weist auf beiden Seiten leichte Beweglichkeitsdefizite auf. Faktor für das Defizit ist erneut die Fußballaktivität über einen jahrelangen Zeitraum. Im folgenden Dehnungsplan wird eine Verbesserung im Hüftbeugewinkel angestrebt. Diese Verbesserung liegt im Fokus.

Tab. 7: Beweglichkeitstest der Wadenmuskulatur (eigene Darstellung)

Muskel: (Mm. Triceps surae)	
Durchführung	Der Proband liegt in Rückenlage auf einer Behandlungsliege. Das nicht zu testende Bein wird angewinkelt platziert, sodass die Fußsohle die Liege komplett berührt. Das testende Bein ragt zur Hälfte des Unterschenkels über die Kante hinaus. Der Tester fixiert den Fuß mit beiden Händen (Die erste Hand umgreift das Fersenbein; Die zweite Hand ergreift den Fuß von der Außenkante her). Der Tester übt mit einem Daumen distalwärts Druck auf die Ferse aus. Der andere Daumen bewegt den Vorfuß zum Schienbein hin. Der Messbereich liegt zwischen Fuß und Unterschenkel. Es ist zu beachten, dass sowohl der Zug zum Schienbein, als auch der Zug an der Ferse essenziell für ein korrektes Messergebnis sind. Des Weiteren sollte der Druck am Fußrand erfolgen (C., Eifler, 2016, S. 52)
Normwerte	- **Stufe 0:** Keine Beweglichkeitsdefizite; Dorsalextension ist mindestens bis zur 0°-Stellung möglich (90° zwischen Fuß und Unterschenkel) - **Stufe 1:** Leichte Beweglichkeitsdefizite; es ist keine 0°-Stellung möglich; eine Dorsalextension kann aber erreicht werden. - **Stufe 2:** Deutliche Bewegungsdefizite; die Dorsalextension kann nur bis 10° unter der 0°-Stellung durchgeführt werden (Nach Janda, 2000, S. 261).
Testergebnis	Rechter Fuß: Stufe 0 Linker Fuß: Stufe 0
Bewertung	Der Proband weist keine Defizite der Wadenmuskulatur auf. Dieser Bereich wird nicht fokusiert.

2.2 Auswertung/Fazit

Hervorgehend aus dem persönlichen Ziel und dem Beweglichkeitstest wird im Dehnprogramm ein Fokus auf die Verbesserung der Beweglichkeit im Hüft-, sowie Kniegelenk gelegt. Das Testergebnis zeigt ein Beweglichkeitsdefizit der Stufe 1 in der Hüft- und Kniebeugemuskulatur auf. In der Kniestreckungsmuskulatur ist nur das linke Bein betroffen (Defizit Stufe 1). Auslöser dieser Defizite kann jahrelange fußballerische Aktivität in Kombination mit fehlendem Mobilisationstraining sein. Diese genannten Defizite können auch geschlechterbedingt oder aufgrund von psychischer Spannung in Form von Stress verursacht werden (Eifler, C, 2016, S. 30-31). Auffällig ist jedoch, dass die Wadenmuskulatur keine Defizite aufweist. Diese wird, wie auch die Brustmuskulatur, im Dehnprogramm sekundär berücksichtigt.

3 Trainingsplanung Beweglichkeitstraining

Tab. 8: Belastungsgefüge des Dehnungsplanes (eigene Darstellung)

Belastungsgefüge des Dehnungsplanes			
Einheiten/Woche	Sätze/Übung	Dehndauer	Intensität
2	3	35 - 45 Sekunden (Walker, B., 2014, S. 32-36)	Dehngrenze

Tab. 9: Dehnungsplan des Probanden (eigene Darstellung)

	Dehnungsplan		
Übung	Zielmuskulatur	Dehnmethode	Ausführung
1	Großer Gesäßmuskel, Wirbelsäulenaufrichter	Passiv - statisch	Der Proband befindet sich, mit gestreckten Beinen, in Rückenlage. Während das rechte Bein gestreckt bleibt, winkelt er nun das linke Knie zur maximal zur Brust. Diese Position wird gehalten (Nelson, G., A., Kokkonen, J., 2007, S. 81)
2	Linker schlanker Muskel, Platt-Halbsehnenmuskel, Anzieher (alle Teile),	Passiv - statisch	Der Proband befindet sich mit mehr als schulterbreit gegrätschten Beinen im Stand. Nun geht dieser in eine leichte Hockstellung und verlagert das Gewicht zur Seite, sodass im rechten Kniegelenk eine Streckung und im linken Knie eine Beugung erzielt wird. Die Hände werden als Stütze auf das linke Knie fixiert. Die Position wird gehalten. (Nelson, G., A., Kokkonen, J., 2007, S. 82)
3	Semimembranosus, Semitendinosus, Biceps femoris, Gastrocnemius, Soleus	Passiv - statisch	Der Proband sitzt mit beiden Beinen nach vorn auf einer Matte. Das rechte Bein wird maximal gestreckt, während das linke Bein so angewinkelt wird, dass die Fußsohle den Oberschenkel des rechten Beines berührt. Nun legt dieser sich nach vorn, fixiert mit den Händen die Fußspitze des rechten Fußes und zieht diese zum Körper. Die Position wird gehalten.
4	Zwei köpfiger Oberschenkelmuskel	Passiv - postisometrisch	Der Proband legt im Stehen ein Bein(a) auf einen Tisch, das Bein(b) ist gestreckt; die Waden zum Körper gezogen. Das Standbein ist leicht eingedreht. Nun wird das Standbein bis zur Dehngrenze (Im Bein a) angewinkelt. Die Position wird gehalten. Nach 40 Sekunden Dehnung, spannt der Proband für 10 Sekunden gegen die Spannungsquelle. Sofort danach wird versucht die erste Dehngrenze zu überschreite. Dieser Prozess wird 5 mal durchgeführt (Walker, B., 2014, S.

5	Rectus femoris, Vastus medialis, lateralis und intermedius)	Passiv – dynamisch	Der Proband balanciert auf dem Bein A. Das Bein B wird angewinkelt; Unterschenkel und Fuß maximal zum Gesäß gezogen. Die Hände sind am Fuß und erhöhen die Spannung. Das Becken ist nach vorne geschoben. Der Proband versucht nun durch Federbewegungen die Intensität zu erhöhen (Walker, B., 2014, S. 147)
6	Lendenteil des Darmrippenmuskels, gefiederte Muskeln	Aktiv - statisch	Der Proband sitzt aufrecht auf einem Stuhl. Mit etwas auseinander stehenden Beinen beugt sich der Proband nach vorne, sodass ein Rundrücken entsteht. Der Kopf wird aus eigener Kraft zum Boden geführt. Die Position wird gehalten (Nelson, G., A., Kokkonen, J., 2007, S. 56).
7	Gerader Bauchmuskel, Äußerer und innerer schräger Bauchmuskel	Passiv - Statisch	Der Proband liegt in Bauchlage auf einer Matte. Nun stützt er sich mit beiden, nach unten gerichteten Handflächen mit dem Oberkörper auf. Die Hände zeigen dabei nach vorne; das Gesäß ist angespannt. Die Position wird gehalten. (Nelson, G., A., Kokkonen, J., 2007, S. 55)
8	(Semi)spinalis thoracis, Longissimus thoracis, Iliocostalis lumborum, Iliocostalis thoracis, Rotatores	Aktiv - dynamisch	Der Proband nimmt eine Rückenlage ein. Die eng zusammenstehenden Beine werden leicht angewinkelt und anschließend zur Seite geneigt; Hüfte und Rücken drehen mit- Die Arme bleiben durchgehend im 90° Winkel zum Körper gestreckt auf dem Boden. Wichtig ist, dass die Beine nicht zur Seite gezwungen, sondern hauptsächlich durch das Gewicht der Beine verlagert werden.
9	Pectoralis –minor, -major	Passiv - statisch	Der Proband befindet sich seitlich stehend zur Wand. Dieser streckt auf Brusthöhe den Arm horizontal nach hinten. Anschließend wird die Handinnenfläche an einer Wand fixiert, sodass die Schultern und der Oberkörper sich vom ausgestreckten Arm wegrotieren können. Die Position wird gehalten (Walker, B., 2014, S. 71).
10	Trapezmuskel, großer und kleiner Rautenmuskel, breiterer Rückenmuskel, hinterer Deltamuskel	Passiv - statisch	Der Proband zieht stehend den rechten angewinkelten Arm auf Schulterhöhe maximal zur gegenüberliegenden Schulter. Der linke Arm verstärkt durch Mithilfe in Form von Ziehen die Spannung.
11	Gastrocnemius, Soleus,	Passiv - dynamisch	Der Proband steht schulterbreit vor einer kleinen Erhöhung. Die Fußspitzen zeigen nach vorn; Knie leicht gebeugt. Der Oberkörper ist stabil. Anschließend wird das rechte gestreckte Bein mit dem Fußballen auf die Erhöhung gestellt. Der Proband schiebt nun

				das Becken bis zur Dehnungsgrenze in den Waden nach vorne. Durch kontrollierte Federbewegungen in der Hüfte dehnt der Proband sich dynamisch.

3.1 Begründung des Dehnungsplanes

Im folgenden Textabschnitt geht es um die detaillierte Begründung des oben beschriebenen Dehnungsplanes.

Die Auswahl des Belastungsgefüges wurde aufgrund der persönlichen Daten in Kombination mit wissenschaftlichen Studien gewählt. Zwei Einheiten in der Woche entsprechen den Wünschen des Probanden. Dehnen ist ein gesetzter Reiz. Erst wenn dieser Reiz regelmäßig auftritt kommt es zu strukturellen Verbesserungen (Arefi, M., 2015, S. 23). Zwei bis Drei Einheiten genügen, um eine Beweglichkeitsverbesserung bei Trainingsanfängern zu erzielen (Rancour, Holmes & Cipriani, 2009, S.1).

Jede Dehnübung wird dreimal durchgeführt. „Bei den ersten Wiederholungen hat man die größten Erfolge bei der Verbesserung der Bewegungsreichweite und Herabsetzung der Dehnungsspannung. …Nach ca. vier bis fünf Wiederholungen kommt es nur noch zu minimalen Zuwächsen" (Wydra, G., 2006, S. 9).Die Dehndauer wurde mit Berücksichtigung der Dehngrenze gewählt. Kurzzeitiges maximales Dehnen führt zu einem verbesserten Beweglichkeitszugewinn als weiches Dehnen (Marshall, F., 1999, S.7).

Die Dehndauergrenze liegt bei 45 Sekunden, da Stretching mit verlängerter Dauer zunehmend schlechtere Ergebnisse erzielt (Walker, B., 2014, S. 32).

Die Übungsauswahl und Reihenfolge wurde wesentlich aufgrund der Wünsche zur Verbesserung der Beweglichkeit im Hüft-, und Kniegelenk, sowie zur Reduzierung von Muskelverspannungen der unteren Rückenmuskulatur gewählt. 7 der 11 Übungen sind speziell auf diese Wünsche gewählt, die restlichen 4 Übungen dienen zur Verbesserung der Beweglichkeit der Restmuskulatur. Übung 2, 4 und 8 legt ein Fokus auf den Rugbysport. Diese Dehnübungen zählen zu den optimalsten Übungen in diesem Sportbereich (Walker, B., 2014, S.225).

Unter der Berücksichtigung der Aufgaben beinhaltet das Dehnprogramm alle Dehnmethoden (aktiv – passiv; dynamisch – statisch – postisometrisch). Außerdem hat der Proband durch diese Auswahl eine Abwechslung während des Stretchings.

Das Programm ist im Wesentlichen für Zuhause ausgewählt. Als Equipment ist eine Matte und Tisch o.ä. nötig. Ein Dehnpartner wird nicht benötigt. Zudem weist eigenständiges Dehnen eine erhöhte Dehneffektivität vor als Dehnen mit Fremdeinwirkung

(Glück et al., 2002, S.70). Die Übungskomplexität wurde den Erfahrungen des Probanden im Stretching angepasst.

Sekundär verbessert ein kontinuierliches Dehnprogramm Schnelligkeit, Muskelkraft und Schnellkraft (Wydra, G., 2006, S. 8). Berücksichtigt wird dieser Punkt aufgrund der sportlichen Aktivität im Rugbybereich.

4 Trainingsplanung Koordinationstraining

Tab. 10: Belastungsgefüge des Koordinationstrainings (eigene Darstellung)

Belastungsgefüge des Koordinationstrainings			
Einheiten pro Woche	Sätze pro Übung	Belastungsdauer	Pausenzeit
2	3	30 Sekunden	60 Sekunden

Tab. 11: Koordinationstrainingsplan des Probanden (eigene Darstellung)

Koordinationstrainingsplan	
Übung	Ausführung
1. Kniebeuge mit Slingtrainer	- Schulterbreiter Stand; Gewicht auf den Fersen - Arme ausgestreckt; Hände greifen den Slingtrainer - Kontrolliertes Hocken (1. Gesäß schiebt nach hinten; Oberkörper neigt sich gerade vor. 2. Anwinkeln der Kniegelenke) - Kontrolliertes Aufrichten (Mit Druck aus den Fersen in die Ausgangsposition)
2. Freie Kniebeuge mit ausgestreckten Armen	- Ausführung der Kniebeuge ohne Slingtrainer - Arme bleiben dauerhaft ausgestreckt und parallel zum Boden vor dem Körper
3. Freie Frontkniebeuge mit Stange	- Ausführung der Kniebeuge - Armen kreuzen sich vorm Körper; r. Hand berührt l. vordere Schultermuskulatur, l. Hand berührt r. vordere Schultermuskulatur - Leichte Stange zum Balancieren zwischen Schultern und Fingern fixieren
4. Frontkniebeuge mit Langhantel	- Ausführung der Übung 3 - Langhantel (evtl. mit Gewicht) dient als Gewichtssteigerung
5. Kniebeuge mit Langhantel auf den Schultern	- Ausführung der Kniebeuge - Langhantel wird auf den Schulterblättern fixiert (Hände greifen die Langhantel weiter als Schulterbreit)
6. Kniebeuge mit Langhantel Überkopf	- Ausführung der Kniebeuge - Dauerhaft ausgestreckte Arme fixieren die Langhantel über dem Kopf

7. Kniebeuge auf umgedrehten Buso Ball	-	Ausführung der Kniebeuge
	-	Die Übung wird auf unsicherem Untergrund ausgeführt (Umgedrehter Buso Ball)
8. Kniebeuge mit Slingtrainer auf dem Buso Ball	-	Ausführung der Kniebeuge mit Slingtrainer
	-	Die Übung wird auf unsicherem Untergrund ausgeführt (Busoball)
9. Freie Kniebeuge auf dem Buso Ball	-	Ausführung der Kniebeuge
	-	Die Übung wird auf unsicherem Untergrund ausgeführt (Buso Ball)
10. Kniebeuge mit Langhantel auf dem Buso Ball	-	Ausführung der Kniebeuge mit Langhantel
	-	Die Übung wird auf unsicherem Untergrund ausgeführt (Buso Ball)

4.1 Begründung des Koordinationsplanes

Im folgenden Textabschnitt wird die Auswahl des Belastungsgefüges, sowie der Übungen im Koordinationsplan begründet.

Die Einheiten pro Woche wurden unter Berücksichtigung des zeitlichen Verfügungsrahmens des Probanden aufgestellt. Die Einheiten wurden außerdem auf 3 festgelegt, da eine Verbesserung der motorischen Fähigkeiten nur durch kontinuierlichen Training erzielt wird.

Die koordinativen Fähigkeiten haben, im Gegensatz zum Kraft-, sowie Ausdauertrainings, keine fixen Vorgaben (Jansenberger, 2011, S. 73). Da durch eine Ermüdung der Muskulatur jedoch keine Verbesserung der koordinativen Fähigkeiten erzielt werden kann, wurde auf die Belastungsdauer ein Fokus gelegt (Hüter-Becker et al., 2013, S. 463). Um diesen Ermüdungen vorbeugen zu können, wurde eine Belastungsdauer von 30 Sekunden festgelegt.

Aufgrund fehlender spezifischer Erfahrung im Koordinationstraining wird der Proband als Trainingsanfänger eingestuft. Um ihn dennoch zu fordern nimmt der Schwierigkeitsgrad der Übungen im Verlauf des Trainings zu. Der Buso Ball unterstützt die Vielfalt der Koordinationsplanes, da der Kunde keine Erfahrung mit diesem Equipment hat.

Um dem Probanden eine Übung, zielgerichtet zum Rugby ausführen zu geben, liegt der Fokus des Koordinationstrainings auf der Kniebeuge. Hervorzuheben ist das die Kniebeuge mit Langhantel vor dem Körper vor der Kniebeuge mit der Langhantel auf den Schultern ausgeübt wird. Dies dient zur Verletzungsprophylaxe – bei einer Frontkniebeuge ist es schwerer falsche Ausführungen wie z.B. verstärktes Hohlkreuz oder Gewichtsverlagerungen auf die Fußspitzen zu fabrizieren.

5 Literaturrecherche

Im folgenden Textabschnitt werden zwei Studien zum Thema: Effekte des Dehnens auf die Bewegungsreichweite bzw. auf die Dehnungsspannung vorgestellt.

Tab. 12: Studie 1 (eigene Darstellung)

Studie 1	
Autor	Dr. Franz Marschall
Erscheinungsjahr	1999
Forschungsfrage	Wie beeinflussen unterschiedliche Dehnungsintensitäten kurzfristig die Veränderung der Bewegungsreichweite?
Versuchspersonen	- 21 Personen (12 Männer, 9 Frauen; Alter: 24,8+-3,4 J.; Größe: 172,9 +- 8,5 cm; Gewicht: 66,6 +-11 Kg)
Versuchsaufbau	1. Im Vorfeld der Untersuchungen werden die Intensitätsstufen Dehnschwelle (DS), Dehngrenze (DG) und die maximale Dehnung (D_{max}) definiert 2. Mithilfe eines Fragebogens wurden Motivation und subjektive Befindlichkeit als Kontrollvariablen erfasst. 3. Nach einem Eingewöhnungstest zur Erfassung von D_{max} wurden die Teilnehmer zufällig in die Gruppen „Weiches Dehnen" und „Maximal Dehnen". 4. Spezifische Erwärmung der ischiocruralen Muskulatur durch ein Fahrradergometer (1,5Watt/Kg) und einer Kniegelenkbeugung wurde D_{max} erfasst. 5. D_{max} Erfassung durch einen Vortest nach Ott und Schönthaler 6. Die ischiocrurale Muskulatur wurde unter Berücksichtigung von Drehachse, fixierter Wirbelsäule sowie fixiertem Gegenbein durch einen elektrischen konstanten Impuls von 1,5 °/s bewegt. Die Dehnposition wurde für kurze Zeit (<2 s) gehalten und aufgelöst. Die Winkelmessung erfolgt über einen digitalen Drehimpulsgeber. 7. 15 Wiederholungen ohne Pause aus der 0°Stellung im Hüftgelenk bis zur in den Gruppen bestimmten Dehngrenze. 8. Erneute D_{max} Erfassung (Nachtest)
Relevante Ergebnisse	- Die maximale Bewegungsreichweite konnte in beiden Gruppen signifikant verbessert werden. - D_{max} Verbesserung (Vor- und Nachtest) von 7,24 +- 4,19°bei maximaler und 3,29 +- 4,53° bei submaximaler Intensität (bedeutsamer Unterschied zwischen den Dehnungsmethoden). - Entgegen den Erwartungen kommt es nach 15 Wiederholungen zu keiner Veränderung der Dehnschwelle in größere Gelenkwinkelbereiche. - Verschiebung der maximalen Bewegungsreichweite nach 15 Wiederholungen (6,24° Differenz zwischen erster und letzter Wiederholung) - Signifikante Interaktion der Varianzanalyse (($F_{(3/120)}=8,9$; $p<0,001$)
Quelle	Deutsche Zeitschrift für Sportmedizin, Jahrgang 50, Nr.1, 1999, S. 5-9

Tab. 13: Studie 2 (eigene Darstellung)

Studie 2	
Autor	S. Glück, M. Schwarz, U. Hoffmann, G. Wydra
Erscheinungsjahr	2002
Forschungsfrage	Wie beeinflusst eigen- bzw. fremdregulierter Dehnung die Bewegungsreichweite, Zugkraft und Muskelaktivität?
Versuchspersonen	- 27 Sportstudenten (16 Männer, 11 Frauen; 24,8 +- 1,7 J; 175,6 +- 7,7 cm; 67,6 +- 9,6 Kg) - Ausgeschlossen sind übedurschnittlich bewegliche Studenten mit extrem hoher Beweglichkeitsreichweite
Versuchsaufbau	1. Zufällige Aufteilung in 3 Gruppen 2. Standardisierte Testformen in zufälliger Reihenfolge zur Überprüfung der Dehnfähigkeit der ischiocruralen Muskulatur 3. 5 wöchige Testphase aufgeteilt in: Woche 1: Kennenlernen der Messapparatur; Woche 2: Pause; Woche 3- 5: Testphase inklusive einem Test pro Woche – Kein Beweglichkeitstraining während der Testphase 4. 5 minütiges Aufwärmen auf dem Fahrradergometer (1,5Watt/Kg) vor jedem Test 5. – Test 1: Direkte Eigendehnung durch selbstständiges dehnen an einem Seilzug. - Test 2: Indirektes Eigendehnung durch selbstständiges Bedienen eines Elektromotors - Test 3: Indirekte Eigendehnung durch einen, vom Testleiter gesteuerten, Elektromotor, wobei die Testperson durch Zuruf die Intensität der Dehnung steuern kann. 6. Während jeder Einzelmessung wurden folgende Parameter erfasst: - maximale Bewegungsreichweite an der Schmerzgrenze (BRmax) durch ein dreidimensionales Bewegungsanalysesystem mit einer Messgenauigkeit von 0,1° - Zugkraft bei konstantem Winkel (ZK) der jeweils ersten BRmax und maximal tolerierte Zugkraft in maximaler Dehnposition (ZKmax) jeweils mit Hilfe eines Dehnungsmessstreifens - Muskelaktivität des M. biceps femoris als Integral (%iEMGbiz) mittels EMG-Verstärker 7. Bestimmung der Beingewichtskraft bei einem Hüftflexionswinkel von 45° und gleichzeitiger Knieextension nach Fixierung der Rückenlage auf der Apparatur 8. Bewegung des Testbeines durch direkte oder indirekte Eigen- oder Fremddehnung 15mal nacheinander in maximale Dehnposition und anschließender Auflösung zum Ausgangswinkel von 45°. 9. Die vorliegenden 15 Einzelmessungen jeder Durchführungsform wurden anschließend gemittelt. 10. Befragung der Probanden in Hinblick auf die Bequemlichkeit der drei Dehnungsformen.
Relevante Ergebnisse	- Keine signifikanten Gruppenunterschiede bei Zugkraft bei konstantem Bezugswinkel, Maximal tolerierte Zugkraft, sowie Muskelaktivität - Signifikante Gruppenunterschiede bei maximaler Bewegungsreichweite (BRmax) bei direkter Eigendehnung (110,7°) 5 % höher als bei indirekter Eigendehnung (105,7°) und indirekter Fremddehnung (105,4°)
Quelle	Deutsche Zeitschrift für Sportmedizin, Jahrgang 53, Nr.3, 2002, S. 66-71

6   Literaturverzeichnis

Arefi, M. (2015). *Praxisbuch Dehnen* (1. Aufl.). München: Urban & Fischer Verlag

Eifler, C. (2016). *Studienbrief Trainingslehre III - Gesundheitsorientiertes Beweglich-keits- und Koordinationstraining* (Rev.16.018.000). Saarbrücken: Deutsche Hochschule für Prävention und Gesundheitsmanagement.

Glück, S., Schwarz, M., Hoffmann, U., Wydra, G. (2002). *Bewegungsreichweite, Zug-kraft und Muskelaktivität bei eigen- bzw. fremdregulierter Dehnung*. Deutsche Zeitschrift für Sportmedizin, 53, 66 - 71.

Hüter-Becker, A., Betz, U., Heel, C., Kern, C., Quinten, S., Rauch, S. & Weinberg, A. (2013). *Das neue Denkmodell in der Physiotherapie*. Band 1: Bewegungssystem. Stuttgard: Georg Thieme.

Jansenberger, H. (2011). *Sturzprävention in Therapie und Training. Stuttgart: Georg Thieme.*

Marschall, F. (1999). *Wie beeinflussen unterschiedliche Dehnintensitäten kurzfristig die Veränderung der Bewegungsreichweite.* Deutsche Zeitschrift für Sportmedizin, 50, 5 - 9.

Nelson, A., G. & Kokkonen, J. (2009). *Stretching Anatomie* (2., durchgesehene Neuauf-lage). München: Stiebner Verlag

Ramsey, C. (2015). *Der Stretching-Anatomie-Guide. Das Dehnprogramm für flexible Muskeln* (1. Aufl.). München: Südwest Verlag

Rancour, J., Holmes, C., & Cipriani, D. (2009). *The Effects of Intermittent Stretching Following a 4-Week Static Stretching Protocol: A Randomized Trial.* Zugriff am 23.03.2017.   Verfügbar   unter: http://journals.lww.com/nscajscr/Abstract/2009/11000/The_Effects_of_Intermittent_Stretching_Following_a.6.aspx

Walker, B. (2014). *Anatomie des Stretchings. Mit der richtigen Dehnung zu mehr Be-weglichkeit* (1., erweiterte und überarbeitete Aufl.). München: riva Verlag.

Wydra, G. (2006). *Dehnfähigkeit.* Zugriff am 01.03.2019. Verfügbar unter: https://www.sportpaedagogik-sb.de/pdf/2006/2006-5.pdf

7 Abbildungs- und Tabellenverzeichnis

7.1 Tabellenverzeichnis

BEI GRIN MACHT SICH IHR WISSEN BEZAHLT

- Wir veröffentlichen Ihre Hausarbeit,
  Bachelor- und Masterarbeit

- Ihr eigenes eBook und Buch -
  weltweit in allen wichtigen Shops

- Verdienen Sie an jedem Verkauf

Jetzt bei www.GRIN.com hochladen und kostenlos publizieren